FK

DIESES BUCH GEHÖRT:

Bibliografische Information der Deutschen Nationalbibliothek:
Die Deutsche Nationalbibliothek verzeichnet diese Publikation in der Deutschen
Nationalbibliografie; detaillierte bibliografische Daten sind im Internet über
http://dnb.d-nb.de abrufbar.

Dieses Buch ist in
einer verlagskonform
geschlechtsneutralen
Schreibweise verfasst und soll
alle Menschen dieser Welt
ansprechen.

Wir verstehen uns als Verlag für
Diversität und Inklusion aller
Persönlichkeiten, auch wenn in
diesem Kinderbuch bestimmte
stereotype Charaktere
abgebildet sind.

1. Auflage	Juli 2023
© 2023	edition riedenburg
Verlagsanschrift	Adolf-Bekk-Straße 13, 5020 Salzburg, Österreich
Internet	www.editionriedenburg.at
E-Mail	verlag@editionriedenburg.at
Lektorat	Dr. Caroline Oblasser
Illustrationen	© Anika Slawinski
Portraits	Heike Wolter © privat;
	Julia Christof © Studioline Regensburg;
	Anika Slawinski: © Yolanda vom Hagen
Satz und Layout	edition riedenburg
Herstellung	Books on Demand GmbH

ISBN 978-3-99082-137-4

Heike Wolter • Julia Christof
Illustrationen: Anika Slawinski

Starke Frauen
6

FRIDA KAHLO

Die Malerin im Blumenmeer

FÜR KLEINE LEUTE
MIT GROSSEN IDEEN.

ÖLFARBE
ROT
ÖL
ÖLFARB
BLAU

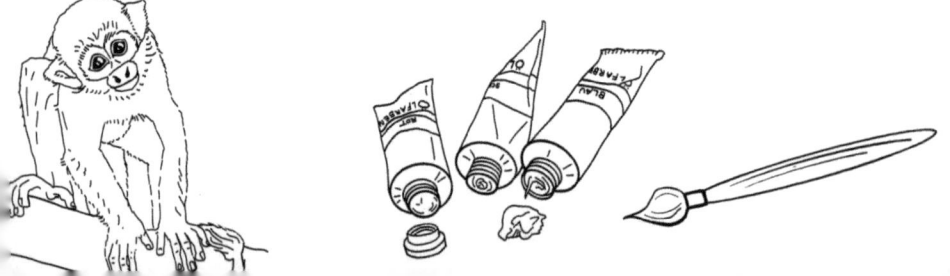

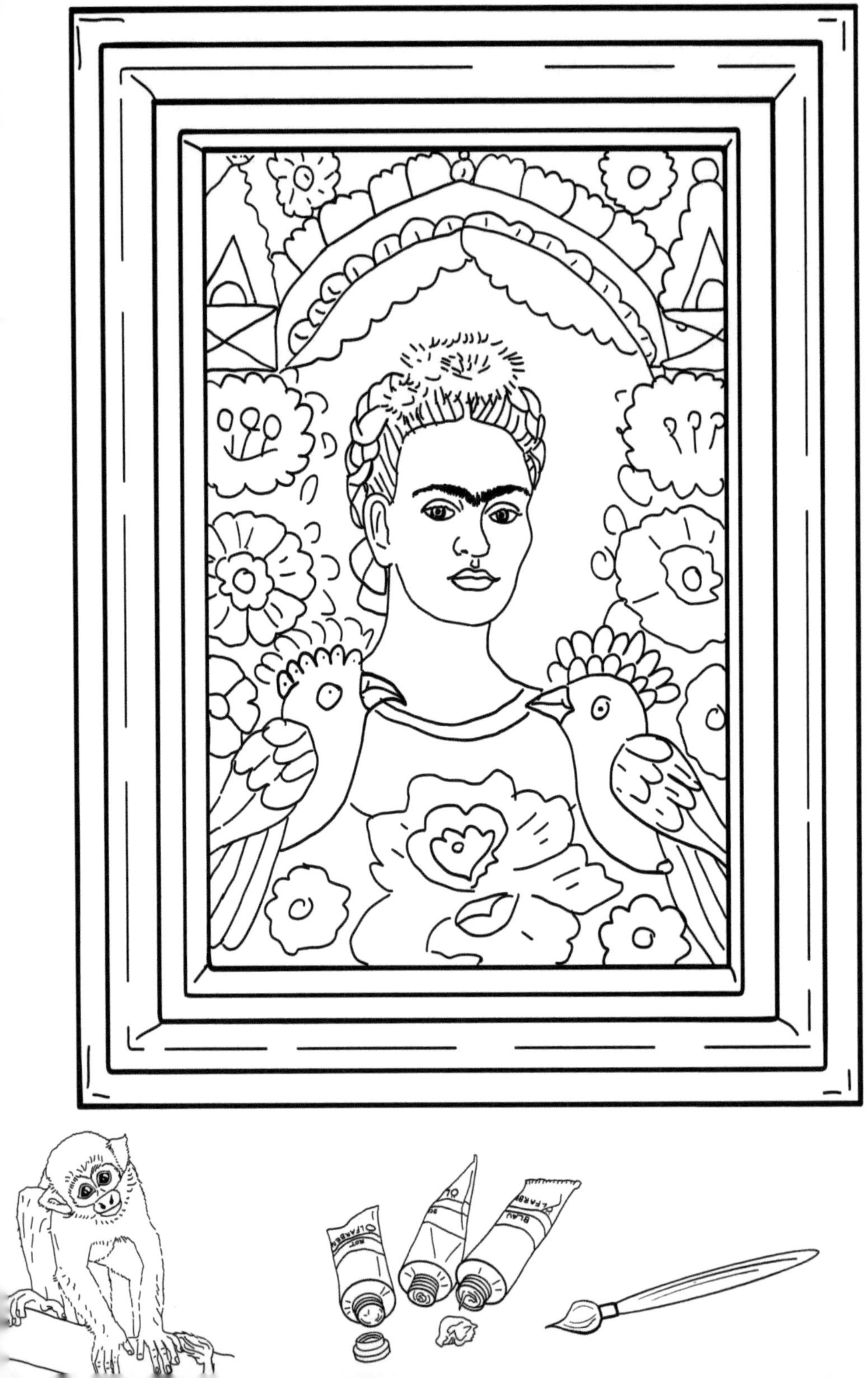

Inhalt

Das Blaue Haus

Am Samstag, dem 6. Juli 1907 erblickte Frida Kahlo in Coyoacán das Licht der Welt. Heute ist das ein Teil der Hauptstadt von Mexiko.

Frida und ihre Eltern Matilde und Guillermo lebten in einem kleinen Haus, das jeder das „Blaue Haus" nannte. Vielleicht malte Frida deshalb später so farbenfrohe Bilder.

Fridas Vater hieß eigentlich Wilhelm Kahlo und kam aus Deutschland. Guillermo war Fotograf. Er hatte ein gutes Auge für Details. Er gab das an seine Tochter weiter.

GUILLERMO: Viele Namen gibt es in unterschiedlichen Sprachen. Guillermo ist Spanisch für Wilhelm.

BLAUES HAUS: Auch das ist eine Übersetzung. Im Spanischen heißt es „Casa azul".

Eine glückliche Kindheit

Als Frida drei Jahre alt war, brach in
Mexiko eine Revolution aus. Fridas Vater
bekam deshalb keine Aufträge mehr als
Fotograf. Das Geld für die Familie wurde
knapp. Fridas Mutter verkaufte einige
teure Möbel, um Essen zu kaufen.

Doch trotzdem hatte Frida eine
schöne Kindheit. Sie hatte mehrere
Schwestern. Am besten verstand
sie sich mit Cristina. Sie waren im
selben Kindergarten und auf der
gleichen Schule. Außerdem wollten sie beide nicht
so werden wie ihre Mutter. Die war sehr religiös
und ging jeden Tag in die Kirche.

Das passte nicht zu Frida, die bald als
wild und unzähmbar galt. Ihren Vater
verehrte sie für seine tolle Kunst und
sie mochte seine liebe Art.

REVOLUTION: Das ist eine große
Veränderung in der Politik, die das
Volk fordert.

„Es gibt nichts Schöneres als Lachen."

FORSCHUNGSAUFGABE

In welchen Dingen bist du deinen Eltern ähnlich und in welchen Dingen unterscheidet ihr euch?

Eine echte Mexikanerin

 Als Frida 15 Jahre alt war, schickte ihr Vater sie auf die „Escuela Nacional Preparatoria". Das war die beste Schule in Mexiko. Sie bereitete Frida gut auf die Universität vor. Es waren nur 35 Mädchen unter 2.000 Schülern. Frida interessierte sich nicht nur für Literatur, Kunst oder Musik, sondern auch für die Lehre vom Menschen. Sie wollte Ärztin werden.

In der Hauptstadt lernte sie neue Leute mit aufregenden Ideen kennen. Seit der Revolution gab es ein Umdenken. Die Leute wollten wieder wissen, wie die Mexikaner früher gelebt haben, und malten die Geschichte des Landes in großen Gemälden auf die Wände öffentlicher Gebäude. Diese Bewegung nannte man Mexicanidad und Frida war begeistert davon.

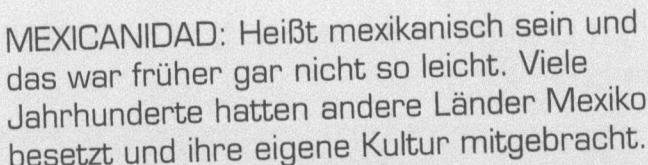

MEXICANIDAD: Heißt mexikanisch sein und das war früher gar nicht so leicht. Viele Jahrhunderte hatten andere Länder Mexiko besetzt und ihre eigene Kultur mitgebracht.

Ein schrecklicher Unfall

Fridas Leben nahm 1925 eine
schreckliche Wendung. Sie fuhr gerade
mit ihrem Freund Alejandro im Bus
nach Hause, als der Bus mit einer
Straßenbahn zusammenkrachte. Der Bus wurde
gegen eine Wand gedrückt und brach in der Mitte
entzwei. Frida lag eingeklemmt und von einer
Eisenstange durchbohrt auf der Straße. Viele
dachten, Frida würde sterben. Doch sie überlebte!

Sie musste lange im
Krankenhaus bleiben und oft
operiert werden. Doch sie
hatte viele Schmerzen und
verbrachte eine ganze Zeit lang nur liegend
im Bett. Ihr größter Wunsch bis dahin
war es, mit ihrer Jugendliebe Alejandro
nach Amerika auszuwandern. Dieser Traum
konnte deshalb erstmal nicht wahr werden.

WENDUNG: Manchmal passieren in einem
Leben Dinge, die niemand voraussehen kann.
Wenn sie ein Leben für immer verändern, ist
das eine Wendung.

Das neue Leben

Damit Frida im Krankenhaus nicht so einsam war,
brachten ihre Eltern Farben und eine besondere
Staffelei, mit der sie im Liegen malen konnte.
Über ihr Bett hängte man einen Spiegel,
damit Frida Porträts von sich selbst
anfertigen konnte. Weil die Arztkosten sehr
hoch waren, konnte es sich die Familie nicht
leisten, Frida wieder an die teure Schule zu

schicken. So malte sie eben. Das gab
ihr Hoffnung und die Möglichkeit, sich
auszudrücken.

Erst drei Monate nach ihrem Unfall konnte sie das
erste Mal wieder laufen. Doch ihr junger Körper
heilte nicht so gut wie gehofft. Um ihren
Rücken wieder geradezubiegen, musste sie
oft ein Korsett aus Gips oder Stahl tragen.
Darin konnte sie sich nur wenig bewegen.

(STAFFELEI: Gestell zum Malen

(KORSETT: ein Verband aus festem Material von
der Hüfte bis hoch zur Schulter, um verletzte
(Körperteile zu stützen

„Ich habe etwas, für das es sich zu leben lohnt: die Malerei!"

FORSCHUNGSAUFGABE

Welches ist dein Lieblingshobby? Überlege dir eine kreative Lösung, wie du deinem Hobby aus dem Bett liegend nachgehen könntest. Probiere es einmal aus.

Herzensangelegenheiten

Fridas Herz schlug nun für die Kunst. Sie lernte andere Künstler kennen. Einer davon war der berühmte Fresken-Maler Diego Rivera. Sie

diskutierten viel über Kunst. Obwohl Diego mehr als 20 Jahre älter war, verliebten sich beide ineinander. Sie heirateten.

In dieser Zeit dachte Frida mehr an ihren Mann als an sich selbst. Sie lernte so zu kochen, wie er es am liebsten hatte, und bei all ihren Aufgaben als Ehefrau hatte sie wenig Zeit zu malen.

Bald darauf sollte sich Fridas Traum, einmal in die USA zu reisen, mit Diego verwirklichen. Er hatte Aufträge erhalten, dort zu malen. Frida lernte Englisch und viele neue Leute kennen.

Meist schaute sie ihrem Mann bei der Arbeit zu, der sie dabei mit Geschichten unterhielt.

FRESKO: Eine Freskomalerei ist eine bestimmte Technik, bei der auf Wände gemalt wird.

FORSCHUNGSAUFGABE

Welchen Ort möchtest du unbedingt einmal sehen und warum?

Die USA – anders als gedacht?

Frida gefiel es nicht so in den USA. Es war alles ganz anders, als sie es sich vorgestellt hatte. Sie beschrieb die Amerikaner als langweilig und grau. In Mexiko hatte sie viel Leid gesehen und Menschen, die keinen Platz zum Schlafen hatten. In den USA gab es scheinbar lauter reiche Leute, die immer nur Partys feierten.

康 寿 福 爱 Trotzdem versuchte Frida, etwas Schönes in den USA zu finden: In San Francisco beispielsweise mochte sie Chinatown am liebsten. Dort suchte sie nach bunten Stoffen, die sie für ihre auffälligen Röcke verwendete.

Diego war auch in den USA ein beliebter Maler und durfte sogar im New Yorker Museum of Modern Art ausstellen. Das war eine große Ehre und Frida war mächtig stolz auf ihn.

MUSEUM OF MODERN ART: Eines der weltweit berühmtesten Museen für moderne Kunst. Es befindet sich in New York.

FORSCHUNGSAUFGABE

Welches bekannte Museum kennst du in deiner Nähe?

Tröstende Bilder

Als Frida im Jahr 1932 schwanger
wurde, begann ein völlig neuer
Lebensabschnitt. Frida und Diego
sollten Eltern werden. Doch leider
starb das Baby kurze Zeit darauf.
Frida war sehr traurig darüber. Als
sie aus dem Krankenhaus zurück war,
malte sie ein Bild. Sie zeichnete ihren
ganzen Schmerz hinein.

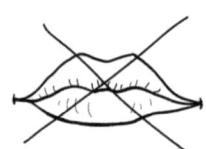
Das machte sie oft:
Schicksalsschläge versuchte sie,
in einem Bild zu verarbeiten. Über
Fehlgeburten sprachen damals nicht viele, weil das
die Eltern immer sehr traurig machte.

Doch Frida fand: Frauen sollten sehen, wie sie
sich fühlte, und sich in einer ähnlichen Situation
verstanden fühlen. Das war sehr mutig.

 FEHLGEBURT: Eine Fehlgeburt bedeutet, dass ein
sehr kleines Baby noch vor der Geburt stirbt.

„Am Ende des Tages können wir viel mehr ertragen, als wir denken."

FORSCHUNGSAUFGABE

Was hilft dir, wenn du sehr traurig bist?

Ich bin Künstlerin

Frida malte wieder mehr. Sie brauchte das. Sie sah sich nun selbst als wirkliche Künstlerin. Viele Ideen sprudelten aus ihr heraus. 1938 verkaufte sie endlich ihr erstes Bild. Sie war sehr stolz und fühlte sich bestärkt.

Kurz darauf wollte ein bekannter Galerist aus New York ihre Bilder ausstellen. Und auch in Paris zeigte sie ihre Bilder. Sie verkaufte zwar nur eines davon, das dafür an das bekannte Kunstmuseum Louvre. Es war das erste mexikanische Bild überhaupt, das der Louvre besaß.

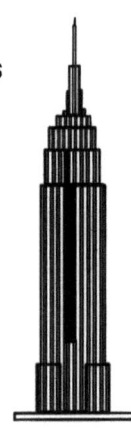

Außerdem gratulierte ihr der berühmte Maler Pablo Picasso zu ihrer gelungenen Ausstellung. Doch trotz des großen Erfolgs zweifelte Frida immer wieder an sich und ihrem Können.

GALERIST: Besitzer einer Kunsthandlung, die Bilder ausstellt und verkauft

EK

„Ich habe ganz einfach angefangen zu malen."

FORSCHUNGSAUFGABE

Welche berühmte Person würdest du gerne einmal treffen und warum?

Die Welt ist schwarz

Frida fühlte sich auch oft sehr traurig. Zum Beispiel, weil ihre Mutter plötzlich starb. Oder weil Diego viel arbeitete und wenig Zeit für sie hatte. Frida wünschte sich eigene Kinder, aber dieser Wunsch ging nicht in Erfüllung. Wegen all dieser Dinge wurde Frida krank.

Sie litt an Depressionen. Das ist eine psychische Krankheit, bei der man sich innerlich leer oder sehr traurig fühlt. Nach weiteren Streitigkeiten zwischen Frida und ihrem Mann verließ sie Diego und sie ließen sich scheiden.

Die Trennung der beiden war aber nicht lange. Sie konnten beide nicht ohne den anderen leben. Ein knappes Jahr später heirateten sie ein zweites Mal.

PSYCHISCH: Das bedeutet seelisch, nicht körperlich. Aber Gefühle können sich auch auf den Körper auswirken. Deswegen heißt es zum Beispiel: Einen Kloß im Hals oder Schmetterlinge im Bauch haben.

Lösung: Frosch im Hals, auf dem Zahnfleisch gehen, die Nase voll haben

Niemand malt wie Frida

So wie Frida malte, war das etwas Besonderes.

Manche versuchten, ihren Stil mit dem Surrealismus zu vergleichen. Das bedeutet, dass Frida etwas malte, was es so gar nicht gibt. Sie versuchte, ihre eigenen Träume, Wünsche und Ängste in Bildern darzustellen. Dafür musste sie Sachen malen, die nicht in der echten Welt vorkommen. Das war zu der Zeit etwas Neues. Zuvor hatten viele Künstler versucht, die Realität abzubilden.

Andere fanden, dass Frida naiv malte, weil sie keine Ausbildung in der Malerei hatte. Frida fand das gut, weil sie einfach malte, was sie bewegte. Dabei konnte man sehr direkt erkennen, was sie einem sagen wollte.

SURREAL: nicht wie in Wirklichkeit

NAIV: wie ein Kind

„Was ich gemalt habe, war meine Wirklichkeit."

FORSCHUNGSAUFGABE

Welche Kunstepochen kennst du? Lass dir von einem Erwachsenen oder einem Lexikon helfen.

Lösung: Barock, Renaissance, Romantik, Realismus, Impressionismus, Expressionismus ...

Von Frauen, Blumen und Tieren

Frida wählte oft als Motiv sich selbst: ihren
eigenen Körper und ihr Gesicht. Diese
Bildsorte nennt man Porträt. Trotzdem sind
ihre Bilder nicht langweilig. Manchmal malte sie
sich als Künstlerin, mal als Ehefrau oder mit einer
politischen Aussage. Sie versuchte darzustellen, wie
die Gesellschaft damals Frauen sah. Zu dieser Zeit
war das leider oft negativ. Das wollte Frida ändern
und machte so auf das Problem aufmerksam.

In vielen Bildern malt sich
Frida umgeben von Blumen
und Tieren. Sie hatte
in ihrem Haus wirklich Hunde, Affen,
Vögel und ein Reh. Frida liebte Tiere, aber oft
standen diese Motive in ihren Gemälden auch

für etwas, das schwer zu malen
ist: für Krankheit, für Schmerz,
für Liebe oder für Schutz.

○ PORTRÄT: Abbildung eines Menschen

○ MOTIV: Thema eines Bildes

„Ich male Blumen, damit sie nicht sterben."

FORSCHUNGSAUFGABE

Wie würdest du ein Bild in Fridas Stil malen? Welche Tiere oder Gegenstände sollten mit dir auf dein Bild? Blättere auch auf S. 56.

Frida als Lehrerin

Als Frida immer berühmter wurde, bat
man sie, an der mexikanischen Maler-
und Bildhauerschule „La Esmeralda" zu
unterrichten. Sie war eine von nur zwei
Lehrinnen. Das war eine große Ehre.

Doch Frida ging es gesundheitlich immer schlechter
und als sie nicht mehr genug Kraft hatte, den
langen Weg zur Schule zu schaffen, lud sie ihre
Schüler zu sich in das Blaue Haus ein. Einigen
Schülern war das bald zu weit und so kamen nur
noch vier von ihnen regelmäßig zu ihr.

Man nannte sie scherzhaft „Los Fridos". Frida
war als Lehrerin ungewöhnlich: Sie ließ
ihre Schüler zeichnen und malen, wie
sie wollten. Für die Schüler war sie
ein Vorbild und eher wie eine große
Schwester oder Mutter.

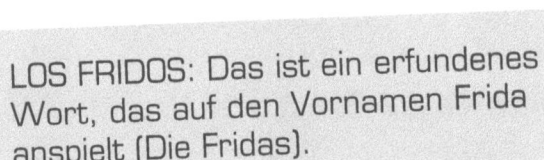

LOS FRIDOS: Das ist ein erfundenes
Wort, das auf den Vornamen Frida
anspielt (Die Fridas).

Das wahre Mexiko

Frida trug am liebsten Kleidung der Tehuana, die aus dem Süden Mexikos stammt. Diese Tracht ist sehr farbenfroh. Über Frauen, die diese Kleidungsstücke tragen, sagt man, sie seien besonders stolz, tapfer und schön. Frida fand das passend.

Außerdem versteckten die langen, weiten Röcke die körperlichen Probleme, die nach dem Unfall geblieben waren.

Mit ihrer Kleidung drückte sie aber auch aus, dass sie stolz auf das echte Mexiko war. Oft trug sie viele Ringe und Ketten gleichzeitig.

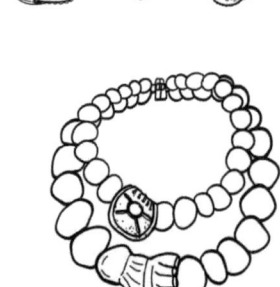

Auf vielen Fotos kann man sehen, dass Fridas Augenbrauen fast zusammengewachsen sind. Das war ihr Markenzeichen und etwas Besonderes. Viele fanden das nicht schön, aber Frida war egal, was andere sagten.

TEHUANA: Nachkommen der Zapoteken-Indianer in Mexiko

„Ich habe immer gedacht, dass ich die seltsamste Person auf der Welt bin."

FORSCHUNGSAUFGABE

Finde heraus, welche Tracht es bei dir in der Nähe gibt und was sie bedeutet.

Allen Widrigkeiten zum Trotz

Frida war ihr Leben lang immer wieder krank. Sie hatte Nägel im Körper und musste fast 40 Operationen überstehen.

Zuletzt musste sogar ihr Bein vom Knie abwärts amputiert werden. Ab da bewegte sie sich nur noch im Rollstuhl fort. Als sie aus dem Krankenhaus nach Hause kam, war sie auf ständige Hilfe angewiesen.

Aber Frida ließ sich davon nicht unterkriegen. Als sie ihre erste Ausstellung in Mexiko eröffnen sollte, ließ sie kurzerhand ihr Bett in die Galerie transportieren. Die Besucher freute das. Bald hatten sich alle um ihr Bett versammelt, um ihren Geschichten zu lauschen.

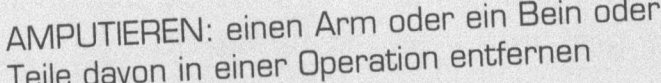

AMPUTIEREN: einen Arm oder ein Bein oder Teile davon in einer Operation entfernen

„Wozu brauche ich Füße, wenn ich Flügel zum Fliegen habe?"

FORSCHUNGSAUFGABE

Prothesen helfen Menschen, denen Arme oder Beine fehlen. Einige sind sogar Sportler und treten bei großen Wettkämpfen an. Wie heißt der größte Sportwettbewerb für Menschen mit Beeinträchtigungen?

Lösung: Paralympics

Für ein starkes Mexiko

Frida war eine Patriotin. Das
heißt, sie setzte sich für ihre
Heimat Mexiko ein. Sie war so
eine große Bewunderin der
mexikanischen Revolution, dass
sie ihr Geburtsdatum auf das Jahr
der Revolution änderte: 1910.

Am faszinierendsten fand sie die kommunistische
Einstellung: Die Idee der Kommunisten war, dass
es keine armen und reichen Leute geben sollte,
sondern dass alle gleich viel besitzen sollten.

Fridas Vorbild war deshalb Russland,
wo diese Idee damals stark war.
Sie engagierte sich selbst in der
kommunistischen Partei Mexikos und
wollte ihr Land nach vorne bringen.
Leider funktionierte das nicht – weder in Russland
noch in Mexiko.

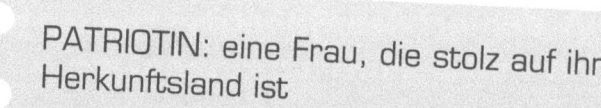
PATRIOTIN: eine Frau, die stolz auf ihr
Herkunftsland ist

FK

„Alles verändert sich."

POR LA PAZ

por la paz

PAZ MEXICO

FORSCHUNGSAUFGABE

Frage einen Erwachsenen, welche Länder noch kommunistisch sind oder waren?

Lösung: Zum Beispiel China, Russland, DDR, Nordkorea und noch einige mehr.

Eine Frau, die fehlt

Fridas Gesundheitszustand wurde immer schlechter. Aber bis zu ihrem Tod war sie aktiv. Sie machte bei einer politischen Demonstration mit. Auch wenn sie krank war, waren ihr ihre Überzeugungen sehr wichtig.

An ihrem letzten Lebenstag saß ihr Mann Diego bei ihr am Bett. Sie schenkte ihm noch einen Ring. Vielleicht wusste sie, dass sie sterben würde.

Diego war zutiefst erschüttert. Er konnte nicht fassen, dass sie nicht mehr da war. Woran Frida am 13. Juli 1954 starb, ist bis heute nicht klar.

 Zu ihrer Trauerfeier kamen 500 Menschen. Viele von ihnen sangen Lieder mit politischen Inhalten. Frida hätte sich sicherlich gefreut, dass an ihrer Beerdigung nicht nur getrauert, sondern auch eine Botschaft übermittelt wurde.

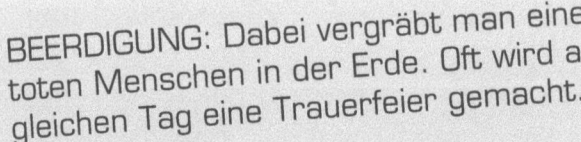
BEERDIGUNG: Dabei vergräbt man einen toten Menschen in der Erde. Oft wird am gleichen Tag eine Trauerfeier gemacht.

„Die Malerei vervollständigte mein Leben."

FORSCHUNGSAUFGABE

Welches Lied mit einem politischen Inhalt kennst du? (Tipp: Es wird meist zu Beginn eines Spiels der Fußballnationalmannschaft gesungen.)

Fridas Vermächtnis

Frida malte in ihrem Leben mehr als 200 Bilder, meist mit Ölfarben. Damit kann man nur sehr langsam malen, weil die Farbe viel Zeit braucht, um zu trocknen. Zu Fridas Werk zählt auch ihr Tagebuch, in dem sie zehn Jahre lang alles aufschrieb, was ihr passierte und was sie beschäftigte. Hier zeichnete sie auch oft kleinere Dinge und probierte sich aus.

Wenn Menschen Fridas Bilder betrachten, sieht jeder etwas anderes darin. Das liegt daran, dass jeder seine eigenen Erfahrungen und seine eigenen Gefühle in die Gemälde miteinfließen lässt. Deshalb sind

Fridas Bilder und ihre Aussagen auch heute noch sehr aktuell und berühren viele Menschen.

VERMÄCHTNIS: Das, was von einem Menschen nach seinem Tod in Erinnerung bleibt.

Solange wir uns erinnern

Als die Welt Frida 30 Jahre nach ihrem Tod wiederentdeckte, wurde sie gefeiert. Es gab eine Fridamania. Das bedeutet: Ihre Bilder sind bekannt, sie werden auf viele Produkte gedruckt.

Ihre Worte und ihr Gesicht sieht man auf Postkarten, T-Shirts, Tassen oder Wänden.

Obwohl Frida so besonders war, hat es lange gedauert, bis man sich an die Malerin erinnert hat. Vielleicht weil sie eine Frau war? Oder weil es in ihrem Leben so viel Kummer und schwere Themen gegeben hat? Oder weil sie Dinge gemalt hat, die viele Menschen nicht sehen wollten?

Eine bedeutende Frau wie Frida kann nicht jedem gefallen: Sie war mutig, ihren eigenen Weg zu gehen. Und ihr Leben fordert Menschen auf, das Gleiche zu tun.

MANIE: süchtig nach etwas sein

„Such dir eine Person aus, die dich ansieht, als wärst du magisch."

FORSCHUNGSAUFGABE

Gibt es in deinem Leben eine verstorbene Person, an die du dich erinnerst? Was war an diesem Menschen besonders?

Aus dem Schatten

Erst nach ihrem Tod wurde Frida richtig gewürdigt. Endlich stand nicht mehr nur ihr Mann Diego im Vordergrund. Dafür gibt es eine Redensart: Sie trat aus seinem Schatten.

Über sie wurden einige Filme gedreht, Theaterstücke und Opern geschrieben. Auch Ausstellungen mit ihren Bildern fanden schon statt. Es gibt sogar eine Barbie-Puppe, die aussieht wie Frida.

In Fridas Elternhaus – dem Blauen Haus in Mexiko – befindet sich heute ein Museum über Frida Kahlo und ihre Kunst.

Fridas Leben und ihre Kunst haben viele Leute bewegt: Sie hat sich trotz aller ihrer Schmerzen und Schicksalsschläge nie unterkriegen lassen und war wirklich eine starke Frau.

OPER: Das ist ein Theaterstück mit klassischer Musik. Alles, was normalerweise geredet wird, wird dort gesungen.

"Meine Malerei trägt die Botschaft des Schmerzes in sich."

MUSEO FRIDA KAHLO

VIVA LA VIDA

FORSCHUNGSAUFGABE

Welche Dinge sollten deiner Meinung nach in Fridas Museum gezeigt werden?

45

Hättest du's gewusst?

 Fridas Namen schreibt man eigentlich so: Frieda. Doch in den 1930er Jahren entschied sie sich, das „e" wegzulassen. Man sah dann nämlich gleich, dass sie deutsche Wurzeln hatte. Das wollte sie nicht, weil die deutschen Nazis und Hitler zu dieser Zeit schlimme Verbrechen begangen haben.

 Der Vater von Fridas Mutter Matilde war auch Fotograf und unterrichtete Guillermo Kahlo in der Fotografie.

 Frida heißt mit vollständigem Namen Magdalena Carmen Frieda Kahlo y Calderón. In Mexiko ist es üblich, dass ein Kind die Nachnamen beider Eltern erhält.

 Als Frida auf die „Escuela Nacional Preparatoria" ging, war sie Teil einer Gruppe, die sich „Cachuchas" (Die Schiebermützen) nannten.

Es waren fünf Jungen und zwei Mädchen. Sie heckten allerlei böse Streiche aus und wollten sich nicht gern von Lehrkräften oder Eltern etwas sagen lassen.

 Frida und Diego waren ein ungleiches Paar. So wurden sie von Fridas Eltern einmal als Taube   und Elefant bezeichnet. Vielleicht spielten sie auf den Altersunterschied an oder darauf, dass Frida viel kleiner war als der kräftige Diego.

 Am Dia de los Muertos (Tag der Toten) in Mexiko wird aller Verstorbenen auf eine fröhliche Art und Weise gedacht. Fans von Frida gestalten dann Altäre für sie oder verkleiden sich als sie.

 Fridas Mut, so auszusehen, wie die Natur sie gemacht hatte, hat heute einen Namen: Body Positivity – der positive Blick auf den eigenen Körper.

Frida war bisexuell, das heißt, sie liebte Frauen und Männer gleichermaßen.

 Fridas Selbstporträt „Roots" wurde 2006 für 5,6 Millionen Dollar verkauft. Es war damals das teuerste lateinamerikanische Kunstwerk der Welt. (Lateinamerikanisch bedeutet aus dem spanischsprachigen Teil Amerikas, also Mittel- und Südamerika.)

 Auf dem 500-Peso-Schein in Mexiko ist Frida Kahlo zu sehen – und auf der anderen Seite ihr Ehemann Diego.

 Frida war mit einer anderen berühmten Malerin befreundet – mit Georgia O'Keeffe. Sie traf sie in New York und schrieb ihr einige Briefe.

 Einer von mehreren Filmen über die Malerin – mit dem einfachen Titel „Frida" – gewann zwei Oscars, die wichtigste Auszeichnung für Filme.

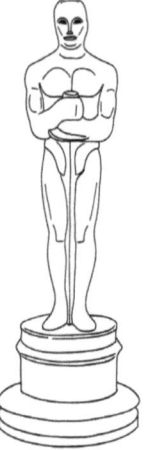

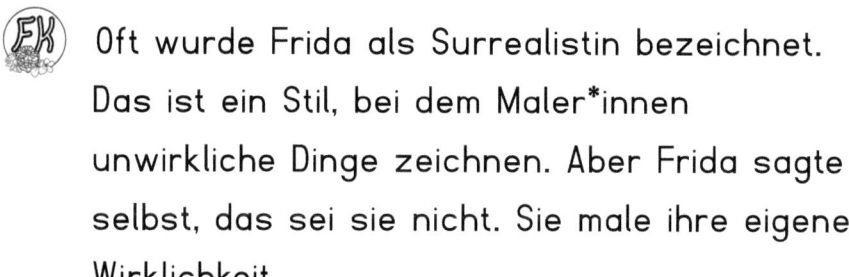 Oft wurde Frida als Surrealistin bezeichnet. Das ist ein Stil, bei dem Maler*innen unwirkliche Dinge zeichnen. Aber Frida sagte selbst, das sei sie nicht. Sie male ihre eigene Wirklichkeit.

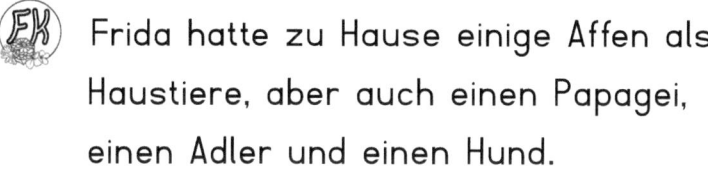 Frida hatte zu Hause einige Affen als Haustiere, aber auch einen Papagei, einen Adler und einen Hund.

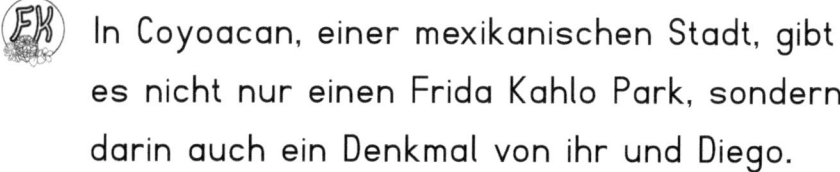 In Coyoacan, einer mexikanischen Stadt, gibt es nicht nur einen Frida Kahlo Park, sondern darin auch ein Denkmal von ihr und Diego.

Frida und Diego boten dem Kommunisten Leo Trotzki und seiner Frau im Blauen Haus eine Bleibe, als diese in Mexiko um Asyl baten.

Frida unterrichtete an Mexikos wichtigster Kunstschule nicht nur Malerei, sondern auch Bildhauerei und Drucktechnik.

Bevor Frida starb, gab es in Mexiko nur eine Ausstellung ihrer Bilder – ein Jahr vor ihrem Tod.

FK Fridas Herkunft nennt man Mestika: Sie ist eine Nachfahrin von Europäer*innen und Indigenen (Einheimischen) in Mexiko.

FK Frida liebte ihren Vater sehr und als er starb, war sie sehr lange sehr traurig.

FK Im Blauen Haus ist heute ein Museum, in dem auch die Urne von Frida mit ihrer Asche steht - wie auf einem Friedhof.

FK Frida war von ihren vielen Problemen so erschöpft, dass sie nicht mehr leben wollte. Sie sah das als letzten Ausweg. Aber ihr Versuch, sich das Leben zu nehmen, misslang.

FK Als Frida starb, versammelten sich Hunderte Menschen in Mexiko City, der Hauptstadt, um zu trauern.

FK Diego hat einmal gesagt, der Tag von Fridas Tod sei der schlimmste in seinem Leben gewesen.

FK Frida schrieb oft in ihr Tagebuch.

Mach es zu deinem Buch!

Schreibe in den Kreis eigene Gedanken über Frida Kahlo.

Erkläre ein Wort aus dem Buch, das du noch nicht kanntest.

__________________ bedeutet:

Schreibe die drei wichtigsten Punkte auf, warum Frida für dich eine starke Frau ist.

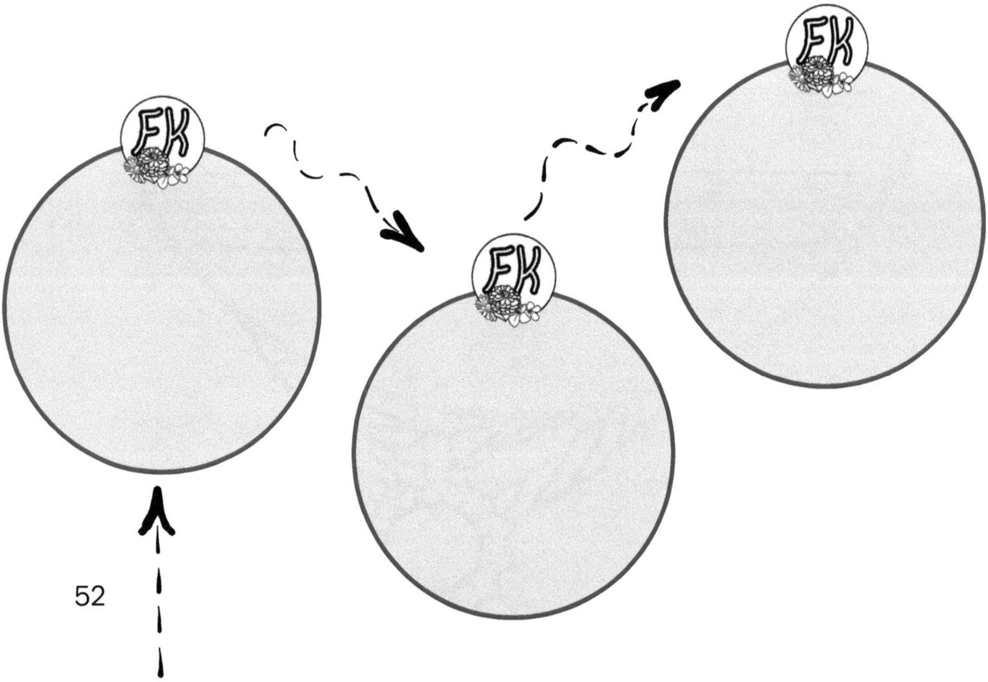

Klebe hier ein Foto von Frida ein. Das findest du z.B. im Internet.

Zeichne Frida so, wie du sie siehst - was würde sie da wohl gerade tun?

Frida hat gern auffällige bunte Kleider getragen. Das hast du schon im Buch entdeckt. Wie würde Fridas Kleid aussehen, wenn du es entwirfst? Male aus.

Fridas Malerei fiel auf. Denn sie lebte in einer Zeit, als Frauen noch kaum als Malerinnen aktiv waren.

Male in den Rahmen rechts ein Bild, das auch Frida gezeichnet haben könnte.

Was wäre das Thema?

_____

_____

Welche Menschen, Tiere, Pflanzen oder Dinge wären darauf zu sehen?

_____

_____

Welche Farben hätte es?

_____

_____

Frida wollte, dass sich Mexiko an seine indigenen Wurzeln erinnert. Also an die Menschen, die vor der Ankunft der Europäer*innen in Mexiko wohnten. Schau dir die Bilder an, ordne sie jeweils einem Satz zu und male sie aus.

Die Zapoteken stellten wunderbare Keramik her.

Die Huaxteken spielten viele Ballspiele.

Die Azteken bauten eine große Stadt.

Die Maya hatten einen runden Kalender.

Die Tolteken verzierten vieles mit Schlangen.

Die Olmeken schufen große Steinköpfe.

Frida hat sich sehr gefreut, als ihre Bilder ausgestellt wurden. Du hast sicher auch viele selbst gemalte Bilder. Wenn du eine Ausstellung hättest, welche deiner Bilder sollten dort hängen? Skizziere hier deine neun liebsten Bilder und entscheide, wie sie angeordnet sein sollen.

61

Pozole – ein mexikanisches Nationalgericht

Weil Frida fand, dass man Mexikos Kultur beachten soll, denken wir, dass sie das mexikanische Lieblingsessen Pozole bestimmt mochte. Das ist ein leckerer Maiseintopf, der sich gut nachkochen lässt. Probier mal.

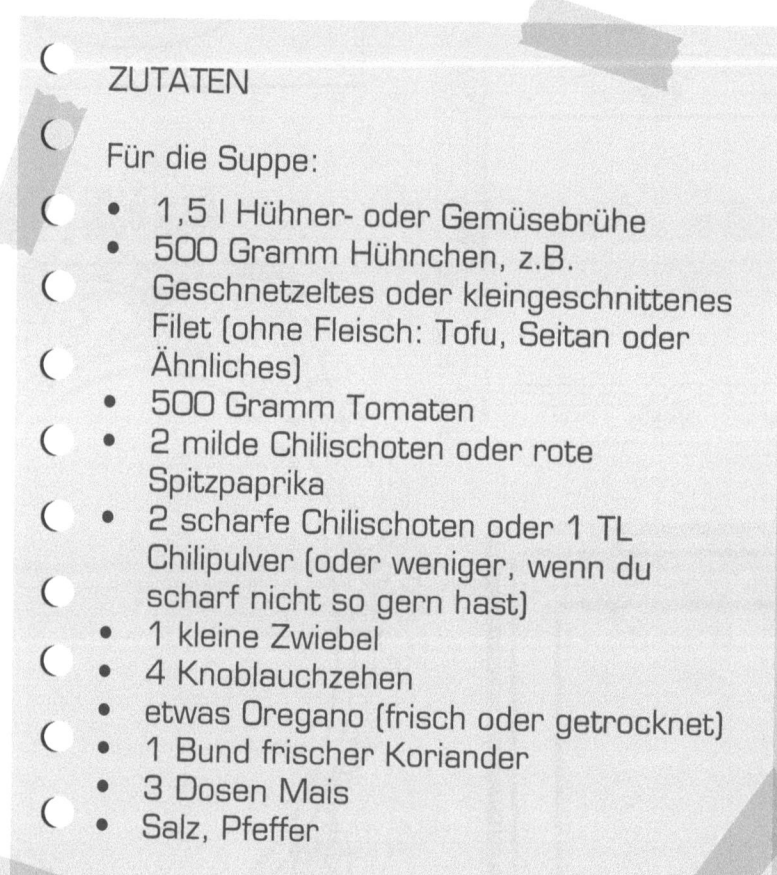

ZUTATEN

Für die Suppe:

- 1,5 l Hühner- oder Gemüsebrühe
- 500 Gramm Hühnchen, z.B. Geschnetzeltes oder kleingeschnittenes Filet (ohne Fleisch: Tofu, Seitan oder Ähnliches)
- 500 Gramm Tomaten
- 2 milde Chilischoten oder rote Spitzpaprika
- 2 scharfe Chilischoten oder 1 TL Chilipulver (oder weniger, wenn du scharf nicht so gern hast)
- 1 kleine Zwiebel
- 4 Knoblauchzehen
- etwas Oregano (frisch oder getrocknet)
- 1 Bund frischer Koriander
- 3 Dosen Mais
- Salz, Pfeffer

Als Beilagen:

- 1/2 Eisbergsalat
- 5 Radieschen
- 2 Frühlingszwiebeln
- 2 Avocados
- 1 Zitrone
- 3 Limetten
- 1 Becher Sour Cream
- 1 Packung Tortilla Chips

KÜCHENGERÄTE

- Topf (2,5 oder 3 Liter)
- Kochlöffel
- kleines Messer
- Sieb
- Kelle
- Standmixer oder anderes Püriergerät
- Pfanne

Zuerst musst du die Hühnerbrühe oder Gemüsebrühe in einem Topf zum Kochen bringen. Danach das Hühnerfleisch oder die vegetarische Alternative in die Suppe geben. Das Ganze soll 25 Minuten leicht köcheln, bis das Fleisch gegart ist. Ab und zu rührst du mit dem Kochlöffel um.

In der Zwischenzeit kannst du die Tomaten waschen und halbieren. Die Zwiebel und die Knoblauchzehen schälst du und halbierst sie auch. Wenn du echte Chilis oder Paprika nimmst, musst du sie waschen, einmal durchschneiden, die Kerne herausmachen und dann alles in kleine Stücke schneiden. Achtung, wenn du scharfe Chilis angefasst hast, danach nicht ins Auge fassen, das brennt nämlich. Danach wäschst du den Koriander und zupfst die Blättchen vom Stängel. Den Mais kannst du schon einmal in einem Sieb abtropfen lassen.

Nun kommen eine Kelle von der Brühe, die Tomaten, Paprika, Chili, Koriander, Oregano, Salz und Pfeffer in einen Standmixer oder in ein anderes Püriergerät. Mixe alles zu einem Tomatenpüree.

Im nächsten Schritt erhitzt du das Öl in einer Pfanne. Dann gibst du das Tomatenpüree hinein und brätst es an. Danach gibst du das angebratene Püree in die Suppe, außerdem fügst du den Mais und das Fleisch hinzu und rührst mit einem Kochlöffel um. Alles muss einmal kurz aufkochen.

Koste nochmal und schmecke gegebenenfalls mit Salz und Pfeffer ab. Die Suppe ist damit fertig und du kannst sie bei ganz kleiner Temperatur auf dem Herd lassen.

Denn jetzt bereitest du noch die Beilagen zu: Schneide den Eisbergsalat und die Radieschen in feine Streifen. Putze die Frühlingszwiebeln und schneide sie in feine Ringe. Würfele die Avocado grob und gib etwas Zitronensaft darüber, damit sie nicht braun wird. Viertele nun die Limetten.

Tipp:
Wenn du nicht weißt, wer was gern mag, dann stelle alle Beilagen in Schalen auf den Tisch und jeder nimmt sich selbst.

Zum Schluss verteilst du die Suppe auf vier bis sechs tiefe Teller. Dann gibst du ein bisschen von allen vorbereiteten Beilagen auf die Suppe. Die Tortilla Chips und die Sour Cream werden auf den Tisch gestellt. Guten Appetit!

Noch nicht genug?

Wenn du noch mehr über Frida Kahlo wissen möchtest, hier einige Empfehlungen:

Über Fridas Leben erzählt diese Internetseite: www.fembio.org/ biographie.php/frau/biographie/ frida-kahlo

Ein Buch, mit dem du gleichzeitig Englisch üben und Frida in ihren eigenen Worten kennenlernen kannst, ist „The two Fridas". Der Name bezeichnet ein Bild von Frida. Finde heraus, warum es Frida zweimal gibt.

Wenn du einen Film über Frida sehen möchtest, dann schaue: Clarissa trifft ... Frida Kahlo (KIKA).

Fridas Wohnhaus ist heute ein Museum. Aber auch wenn du nicht bis nach Mexiko fährst, kannst du auf der Museumsseite www.museofridakahlo.org.mx einen Eindruck davon bekommen.

Oder du schaust nach einer Frida Kahlo Ausstellung in Deutschland, Österreich oder der Schweiz. Denn immer wieder werden Fridas Bilder auch dort präsentiert.

Drei starke Frauen hinter diesem Buch

Heike ist Historikerin, Lektorin und Autorin. An Frida mag sie die Fähigkeit, immer wieder aufzustehen. Ihren eigenen fünf Kindern wünscht sie ein bisschen Frida für ihr Leben.

Julia ist Lehrerin für Geschichte, Englisch und Ethik. Starke Frauen waren ihr schon immer ein Vorbild. An Frida bewundert sie ihre Kreativität und wie sie Tabu-Themen in Bildern umsetzt.

Anika ist Modedesignerin und Illustratorin. Frida beeindruckt sie, weil sie durch ihre Kunst Schicksalswendungen besser bewältigt hat und ihren ganz eigenen Weg ging, ohne sich von der Meinung anderer beirren zu lassen.

Es gab eine Frau, die hat ihr Leben lang für die Gerechtigkeit gekämpft: Ruth Bader Ginsburg (1933–2020).

Sie war Professorin, Anwältin und schließlich Richterin am obersten Gericht der USA. Doch weil sie eine Frau war, hat man sie oft unterschätzt.

- Wofür hat sich Ruth Bader Ginsburg eingesetzt?
- Welche Hindernisse musste sie überwinden?
- Wie konnte sie die Menschen überzeugen?
- Was waren ihre Träume?

In diesem spannenden Buch findet ihr die Antworten, auch auf viele weitere Fragen. In leicht lesbarer Druckschrift. Als Schullektüre und für die Schulbibliothek geeignet. Mit Kreativ-Seiten zur eigenen Gestaltung.

StarkeFrauen-Buch.de

KINDERBUCHREIHE_STARKEFRAUEN

FÜR KLEINE LEUTE MIT GROSSEN IDEEN.

edition riedenburg

Es gibt eine Frau, die wurde oft die mächtigste Frau der Welt genannt: Angela Merkel (*1954).

Heike Wolter · Julia Christof
Illustrationen: Bettina Springer-Ferazin

ANGELA MERKEL

Die erste Bundeskanzlerin

FÜR KLEINE LEUTE MIT GROSSEN IDEEN.

edition riedenburg

Sie war 16 Jahre Bundeskanzlerin und sagte: „Wir schaffen das!" Lasst uns einen Blick hinter die Kulissen der Weltpolitik wagen:

- Wie schaffte es Angela Merkel ganz nach oben?
- Wodurch hielt sie sich so lange an der Spitze?
- Wie hat sie die deutsche Politik verändert?
- Was sind ihre Träume für die Zukunft?

In diesem spannenden Buch findet ihr die Antworten, auch auf viele weitere Fragen. Jeder Titel aus der Reihe „Starke Frauen" bietet euch gut verständliche Texte, inspirierende Bilder und knifflige Fragen zum Weiterdenken.

StarkeFrauen-Buch.de

HINDERBUCHREIHE_STARKEFRAUEN

FÜR KLEINE LEUTE MIT GROSSEN IDEEN.

edition riedenburg

„Mama Miti" – Mutter der Bäume – ist der Name für eine Frau, die Unglaubliches geschafft hat: Wangari Maathai (1940–2011).

Sie war die erste Nobelpreisträgerin aus Afrika. Wangari Maathai hat nicht nur Millionen Bäume gepflanzt, sondern auch Frauen auf der ganzen Welt ermutigt.

- Wer hat an sie geglaubt?
- Welche Steine lagen auf ihrem Weg?
- Welche Botschaft hat sie für uns alle?

In diesem spannenden Buch findet ihr die Antworten, auch auf viele weitere Fragen. In leicht lesbarer Druckschrift. Als Schullektüre und für die Schulbibliothek geeignet. Mit Kreativ-Seiten zur eigenen Gestaltung, auch zum Thema Umweltschutz und Klimaschutz.

StarkeFrauen-Buch.de

KINDERBUCHREIHE.STARKEFRAUEN

ILLUSTRIERTES WISSEN FÜR KINDER.

edition riedenburg

Starke Frauen ④

Mit diesem Buch feiern wir 400 Jahre Paris Lodron Universität Salzburg und laden alle Kinder dazu ein, das Leben an der Uni zu entdecken.

Hendrik Lehnert • Heike Wolter
Illustrationen: Bettina Springer-Ferazin

MARIE
Die Fragenstellerin

FÜR KLEINE LEUTE MIT GROSSEN IDEEN.

edition riedenburg

Marie, acht Jahre, sommersprossig und wissbegierig, kennt den besten Ort der Welt, um Antworten auf (fast) alle ihre Fragen zu finden: die Universität. Das Salzburger Uni-Abenteuer führt Marie zu einer großen Bibliothek, zwei Ausblicken, drei Forschungszentren, vier Leckereien, fünf Standorten, sechs Fakultäten, sieben Denkmälern, einer merkwürdigen Acht, neun neuen Wörtern und mehr als zehn klugen Studierenden.

- Was hat Universität mit Universum zu tun?
- Warum ist Fragen das Wichtigste?
- Welche berühmte Frau ist mit Marie verwandt?

Findet es gemeinsam mit Marie heraus!

StarkeFrauen-Buch.de

KINDERBUCHREIHE_STARKEFRAUEN

ZUM LESEN UND VORLESEN.

edition riedenburg

Die erste Fahrerin eines Autos und – zusammen mit ihrem Mann – auch die Erfinderin des Automobils war diese Frau, die mutig losbrauste: Bertha Benz (1849–1944).

Sie brachte das Auto auf die Straße und bewies: Echte Pferde sind für weite Strecken nicht genug! Bertha Benz machte mobil und zeigte uns, dass auch Frauen fahren können. Und dass sie außerdem clevere Ideen für Motor, Sprit und Geschäfte haben.

• Welches Auto-Geschenk lässt Berthas Herz vor über 100 Jahren höherschlagen?

• Wozu braucht ein echter Auto-Fan anno 1900 Haarnadel, Strumpf und Waschbenzin?

• Wie kann Bertha sogar ihre schärfsten Kritiker überzeugen?

In diesem Buch findet ihr die Antworten.

StarkeFrauen-Buch.de

KINDERBUCHREIHE_STARKEFRAUEN

AB DEM GRUNDSCHULALTER.

edition riedenburg

Hilfe zur Selbsthilfe seit 2008.

S☺WAS!

Der Bestseller der
SOWAS!-Reihe

SOWAS-Buch.de

Emil Erdmännchen möchte mit seiner Familie und seiner Freundin Carla Chamäleon einen Ausflug zum himmlisch duftenden Beerenstrauch machen. Doch Carla Chamäleon hat keine Lust, und Emil Erdmännchen versteht nicht, wieso. Bevor es zum Streit kommt, taucht Gino Giraffe auf. Was für ein Glück! Das fröhlich illustrierte Mitmach-Bilderbuch „Was brauchst du?" im handlichen A5-Format unterstützt Kinder dabei, Gefühle und Bedürfnisse zu erkennen, um für jeden eine passende Lösung zu finden. Die Gewaltfreie Kommunikation (GFK) hilft dabei, Konflikte zu lösen.

Literaturtipps der edition riedenburg
Überall im (Internet-)Buchhandel

editionriedenburg.at

Dein Verlag.